Born = 12-1-74.

GU00976507

I
 do--
/ Mam + Dau.
         xx .

Golygwyd gan Helen Exley
Darluniau gan Juliette Clarke
Testun gan Pam Brown

Addasiad Cymraeg gan
Elfyn a Nansi Pritchard

Hawlfraint y darluniau: © Exley Publications, 1991
Hawlfraint y dethol: © Helen Exley, 1991
Cyhoeddwyd gyntaf ym 1991 gan Exley Publications Cyf., Chalk Hill,
Watford, Herts, WD1 4BN, dan y teitl *To a Very Special Daughter.*
ISBN gwreiddiol: 1-85015-278-0

Argraffiad Cymraeg cyntaf: 1994

ISBN: 1-85015-563-1
Cysodwyd gan Y Lolfa, Talybont, Ceredigion, Cymru SY24 5HE.
Cyhoeddwyd gan Exley Publications Ltd., 16 Chalk Hill, Watford, Herts,
WD1 4BN.

Bûm yn meddwl droeon cyn iti ddod i'r byd sut
y byddwn yn ymdopi â merch. Oeddwn i am
gael merch fel dol, neu blentyn bodlon, braf?
Oeddwn i am iddi fod yn un
fyddai'n cynllunio'n ddiddiwedd neu'n
llawn gofal am eraill? Neu'r ddau?
Ddaeth yr un o'm breuddwydion yn wir. Cefais
ferch unigryw, enigma hyfryd, merch oedd yn
gariad i gyd. Fe gefais i ti.

. . .

Fe gedwais albwm o luniau ohonot, er mwyn
cadw gafael arnat, yn fabi, yn blentyn bach, yn
ferch ysgol, yn dy arddegau. Ond dyw'r lluniau
ddim yn bwysig, ddim wir. Am mai ti yw pob
un ohonyn nhw, a phob tro y'th welaf, byddaf
yn meddwl – *dyma*'r cyfnod gorau.

. . .

Ferch annwyl, rwy'n meddwl amdanat o hyd.
Pan welaf fod dy grys-T wedi lliwio
pob dilledyn yn y golch. Pan ddof o hyd i flew
hir dy wallt yn y sinc. Pan fyddaf yn
sgwrio'r bath ar dy ôl. Pan ddof o hyd i
siocled yn dy wely. Pan welaf dy fod wedi
bwyta'r hufen iâ i gyd – a hynny yn union cyn
cinio. Pan ddof o hyd i botyn iogwrt llawn
blodau ger fy ngwely. Rwy'n dy garu'n fawr.

. . .

Diolch am bob cerdyn – boed yn waith dy hun
neu'n llun gan Renoir. Diolch am bob
parsel – yn flêr neu'n rubanau i gyd. Am bob
cusan sydyn – yn ogleuo o siocled neu bersawr.
Diolch am gofio.

. . .

Ambell dro gofidiaf nad oes gen i'r gallu i
wneud i bethau ddod yn iawn i ti.
Weithiau rwy'n gofidio nad oes gen i ddigon o
arian i wireddu dy freuddwydion, nad oes gen i
drysorau i'w trosglwyddo i ti. Ond rhoddais i ti
yr hyn a allwn – dy bum synnwyr a'r byd o'th
gwmpas. Cymer yr hyn sydd ei
angen arnat, ychwanega dy ryfeddod dy hun at
yr holl ryfeddod dynol sydd o'th
amgylch a throsglwydda rodd cariad
i'r rhai a ddaw ar dy ôl.
Mae'n ddigon.

. . .

Ferch annwyl, dymunaf i ti lygaid i weld herc
afrosgo'r wylan, tro'r dail, dŵr rhedegog, glaw

sydyn yn sgleinio ar balmant,
yr enfys, cawod o ddrudwy uwchben y ddinas.
Dymunaf i ti glustiau i glywed murmur
aberoedd cudd, cân robin goch ben bore, sŵn
siffrwd yn y gwrych, sŵn traffig wedi ei dyneru
gan goed llawn dail, sŵn gwichian yr angor ar
long, murmur lleisiau wrth i'r llen
agor ar ddrama.
Arogleuon siarp, synhwyrus, rhai dengar, hudol.
Y fioled gyntaf, dillad glân, cnau wedi eu
rhostio. Cyffyrddiad sidan a chynhesrwydd
carreg yn yr haul, ffwr meddal y gath, a dwylo
cynefin, cariadus. Blas bara ffres, dŵr clir a
gwin. Annwyl ferch, dymunaf i ti fywyd.

Tuedd pob merch yw gwneud datganiadau syfrdanol. Rwy'n ymuno â chwlt, rwy'n aelod o griw sy am hwylio cwch i Singapore, rwyf wedi gwahodd fy mhrifathro draw am ginio . . . heddiw. Rwy'n mynd i gael tatŵ. Rwy'n gadael cartref. Rwyf am fod yn lleian. Rwyf mewn cariad efo *sheik* Arabaidd. Rwy'n dod adre'n ôl. Rwy'n mynd i liwio 'ngwallt yn binc. Mi fyddaf yn setlo i lawr ar ôl hwylio rownd yr Horn. Cael merch yw'r feddyginiaeth orau rhag diflastod.

. . .

Ers dy eni bu bywyd fel llyfr, llyfr arbennig na allwn aros cyn troi'r dudalen er mwyn gweld pa bethau newydd a wnaethost. Wn i ddim pa rai dwi'n eu hoffi orau – y penodau tawel, neu'r rhannau mawr dramatig, neu'r episodau cyffrous. Dydi'r llyfr byth yn ddiflas. Rwy'n ei chael hi'n anodd credu i mi gael rhan yn ei ysgrifennu.

. . .

I'TH GANMOL

Rwy'n falch o'th holl orchestion. Fe weithiaist
yn galed i'w cyflawni. Rwy'n falch o'th
harddwch a'th allu – a drosglwyddwyd i ti gan
dy gyndadau. Rwy'n falchach na dim mai
ti wyt ti – ond dyna fo, rwyt ti'n
arbennig i mi *beth bynnag* a wnei.

· · ·

Rwy'n falch ohonot, nid oherwydd y pethau
ddaeth yn hawdd i ti, neu a oedd yn
rhan ohonot o'r dechrau, ond am weithio ac am
wingo yn erbyn y symbylau, ac yn
erbyn dy natur dy hun, gan ddod ar dy ganfed
â'r wobr yn dy law.

· · ·

Na, dwyt ti ddim yn berffaith, ac mae'n ddrwg gen i i mi, rai troeon pan oeddet ti'n fach, hawlio perffeithrwydd. Rwyt ti'n well na pherffaith, rwyt ti'n unigryw, yn ffaeledig, yn ymchwilgar, bob amser yn syfrdanol dy ddarganfyddiadau a'th freuddwydion. Rwy'n dragwyddol ddiolchgar fod rhan fach ohonof fi yn rhan ohonot ti , a'th fod yn fy nghludo gyda thi i ddyfodol na fyddaf i byth yn dod i wybod amdano. Rwyt y cyfan ohonom, ac eto ti dy hun wyt ti drwy'r amser.

. . .

Mewn byd lle mae llwyddo yn hanfodol, efallai mai ni'r merched wŷr orau y gall llwyddiant fod yn rhywbeth dirgel a thawel.

. . .

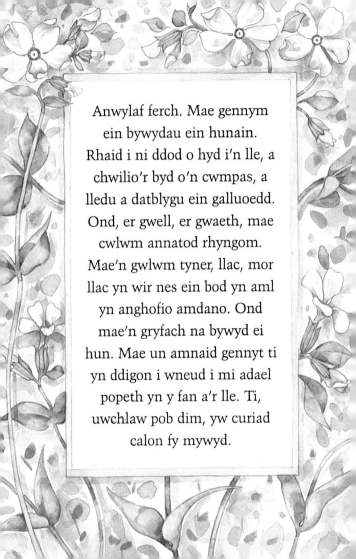

Anwylaf ferch. Mae gennym
ein bywydau ein hunain.
Rhaid i ni ddod o hyd i'n lle, a
chwilio'r byd o'n cwmpas, a
lledu a datblygu ein galluoedd.
Ond, er gwell, er gwaeth, mae
cwlwm annatod rhyngom.
Mae'n gwlwm tyner, llac, mor
llac yn wir nes ein bod yn aml
yn anghofio amdano. Ond
mae'n gryfach na bywyd ei
hun. Mae un amnaid gennyt ti
yn ddigon i wneud i mi adael
popeth yn y fan a'r lle. Ti,
uwchlaw pob dim, yw curiad
calon fy mywyd.

Cawsom amser da – gweld rhyfeddodau a breuddwydio breuddwydion. Aethon ni ddim ar fordaith rownd y byd, na dringo Everest, nac ysgrifennu nofel fawr. Ddim eto. Mae gennym chwaeth wahanol, sgiliau gwahanol, dyheadau gwahanol. Ond mae'r naill wrth ei bodd yn gwylio'r llall yn byw ac yn dysgu – a byddwn yn cymeradwyo pan fydd galw am hynny. Dichon nad dyma syniad pawb am berthynas mam a merch. Hwyrach nad oes y fath beth yn bod.
Ond rydyn ni'n hoffi ein gilydd, yn annog ein gilydd, yn ffrindiau.

. . .

Pan wyf yn teimlo'n unig,
Yn ddiflas a blinedig
A'r dagrau'n llyn,
Meddyliaf am fy meinwen
Mor fyw, mor dlos, mor llawen,
A daw haul ar fryn.

. . .

Paid ag anghofio dy fod yn rhywun
arbennig i mi, rhywun
cwbl arbennig.

. . .

Mi allwn honni mai ti yw'r ferch
fwyaf medrus, y fwyaf hardd a
deallus, y fwyaf cyson, y fwyaf
doeth a meddylgar yn y byd. Ond
fyddai hynny ddim yn iawn. Nid
wyf wedi cyfarfod â holl ferched y
byd. Alla i ddim barnu dim ond o
fewn fy adnabyddiaeth gyfyng i
ohonot ti. Ond ar sail *hynny* mi
ddwedwn i mai ti yw'r fwyaf
medrus, fwyaf hardd a . . .

. . .

DIOLCH

Diolch i ti am y cyfle i wneud teisennau mwd
unwaith eto, i badlo yn y môr, i hwylio llongau
papur, i fynd ar y meri-go-rownd, ac i anwesu
pob gafr yn y sw. Diolch am yr esgus i wneud
jam cartre a theisennau pen blwydd. Diolch am
ddod â hwyl yn ôl i'n bywydau ni i gyd.

. . .

Diolch i ti am gredu bod fy nheisennau
pen blwydd i yn rhai rhyfeddol, fy lluniau yn
anhygoel a'm straeon i y rhai gorau yn y byd.

Ambell dro, pan fydda i'n teimlo'n arbennig o ddiwerth, rwyt yn rhoi cynghorion buddiol i mi, y cynghorion y byddwn i unwaith yn eu rhoi i ti. Mae'n codi fy nghalon. Diolch am gadw llygad arna i, cariad.

. . .

Syndod bob amser yw canfod fod gen i ferch sy cyn ieuenged â mi. Diolch i ti am beidio meddwl fy mod i'n hen, neu o leia ddim mor hen â *hynny*!

. . .

Dy gyfeillgarwch yw'r peth gorau un a gefais gennyt.

. . .

DY ANRHEGION I MI

Gall plentyn roi ein profiadau cyntaf yn ôl inni unwaith eto. Gwelais, wrth edrych ar dy wyneb, ryfeddod y llen yn codi, tawelwch y neuadd cyn dechrau'r cyngerdd, y cipolwg cyntaf ar y môr. Diolch i ti am gael ail-fyw yr holl ryfeddodau hyn.

. . .

Diolch i ti am y blodau llipa a'r cynffonnau ŵyn bach, am gerrig gwlyb glan môr, am daffi gludiog a chusanau swnllyd. Diolch am fy ngharu. Mae rhai merched yn anfon blodau siop i'w mamau neu'n prynu anrhegion drud. Mae rhai merched yn anfon planhigion, siwmperi a jam cartref. Fe ŵyr merched yn reddfol yn union beth yw'r angen.

Diolch i ti fy merch annwyl, am ddweud
wrthyf pan fo dy ffrind mewn trwbwl, er
nad oes dim y gallaf ei wneud i helpu.
Diolch am yr erthyglau papur newydd y
meddyliaist fyddai o ddiddordeb i mi.
Diolch am yr alwad ffôn i ddweud am
raglen ar fin cychwyn.
Diolch am y cardiau pen blwydd sydd
bob amser mor addas.
Diolch am ofyn i mi am risetiau.
Diolch am roi i mi gynghorion.
Diolch i ti am rannu dy fywyd.

. . .

A minnau'n meddwl bod fy nyddiau fel
mam yn dirwyn i ben, diolch i ti am
ddangos imi nad ydynt ond megis
dechrau, a bod y gorau eto i ddod.

Pan oeddet ti'n fach gallwn gusanu ymaith dy friwiau a'th ofidiau, neu eu gwella â llwyaid o ffisig. Gallwn drwsio'r rhan fwyaf o bethau â glud a thâp, nodwydd ac edau, lastig a chortyn. Roeddwn i'n dda am ailosod llygaid a breichiau a choesau doliau. Ond yn awr mae yna bethau na allaf eu gludio wrth ei gilydd, na'u gwella â choflaid neu gusan. Mae problemau oedolion y tu hwnt i'm sgiliau i. Piti na fyddai gen i ryw hudlath allai wneud i bopeth ddod yn iawn. Y cyfan alla i ei wneud yw bod yma. Bob amser.

. . .

GOBEITHION A BREUDDWYDION

Fy ngobaith i yw y byddi di, gydol dy
fywyd, yn parhau i synnu a rhyfeddu
at y byd o'th gwmpas.

. . .

Wrth gwrs rwy'n breuddwydio am
fynd â thi i Fflorens, Fenis a Rhufain,
Paris a Phrâg, ynysoedd Groeg,
Leningrad. Ond falle na fyddet ti am
fynd yno. Dymunaf iti dy leoedd
arbennig dy hun, dy anturiaethau dy
hun, dy serchiadau dy hun.

. . .

Na, dydw i ddim yn breuddwydio am
gyfoeth a llwyddiant i ti. Dim ond
gwaith rwyt ti'n ei hoffi, sgiliau y gelli
eu perffeithio, brwdfrydedd i lonni'r
galon, ffrindiau a digonedd o gariad.

. . .

'Nghariad i, yn wyneb yr holl ddatblygiadau technegol gwyrthiol sy o'n cwmpas rwy'n mynd i ddymuno rhywbeth hynod o henffasiwn i ti. Y pleser o ddarllen llyfrau sy heb eu difetha gan gynhyrchwyr ffilmiau a chartwnau, crewyr parciau llên ac addaswyr. Dim ond llyfrau. Un meddwl yn cysylltu ag un arall ar draws lle ac amser.

. . .

'Nghariad i, rwy'n gobeithio pan fyddi'n hen y gelli edrych yn ôl a dweud,"Roedd hwnna'n fywyd braf."

. . .

Bydd gennyt fy nghariad, y cariad sy'n ein cysylltu â'n gilydd. Dos ag e   'vd na chaf i byth gyfle i'w nabod.

. . .

FY NYMUNIADAU I TI

Dymunaf i ti fywyd hapus, diogel, cyfforddus,
ond dim eto. Gwna'n siŵr o'r
anturiaethau gyntaf.

. . .

Dymunaf i ti'r nwyd sy'n creu a gweddïaf y
bydd y nwyd sy'n distrywio yn mynd o'r
tu arall heibio i ti.

. . .

Dymunaf â'm holl galon i ti ddarganfod yr hyn
yr wyt am ei wneud. A'i wneud yn dda.

. . .

Dymunaf i ti harddwch tawelwch, gogoniant y
machlud, dirgelwch y tywyllwch, grym y fflam,
nerth y dŵr, melyster yr awel, nerth tawel y
ddaear, a'r cariad sy'n gorwedd wrth wraidd
pob dim. Dymunaf i ti ryfeddod byw.

Beth yw fy mhrif ddymuniad i ti?
Iti gredu yng ngwerth sylfaenol dynoliaeth,
ac mae hynny, f'anwylyd, yn dy
gynnwys di dy hun.

. . .

Dymunaf iti gariad. Rhamant, ie. Ond cariad
hefyd, cariad y rhai sy'n gorwedd gyda'i gilydd
yn y tywyllwch, yn siarad am yr amser a fu.
Breichiau agored plentyn a'i gusanau blas mêl.
Pwniad ysgafn pen cath fach. Ochenaid
gyfeillgar y ci. Y cyffyrddiad cefnogol, y goleuni
mewn llygaid, a sŵn yr allwedd yn y clo.

. . .

Dymunaf iti ferch yn union
fel yr un gefais i.

. . .